Enid Artursdottir

Vermögensschädigung

AF535520

Enid Artursdottir

Vermögensschädigung

Prozessbetrug im Versorgungsausgleich

Trainerverlag

Imprint
Any brand names and product names mentioned in this book are subject to trademark, brand or patent protection and are trademarks or registered trademarks of their respective holders. The use of brand names, product names, common names, trade names, product descriptions etc. even without a particular marking in this work is in no way to be construed to mean that such names may be regarded as unrestricted in respect of trademark and brand protection legislation and could thus be used by anyone.

Cover image: www.ingimage.com

Publisher:
Der Trainerverlag
is a trademark of
International Book Market Service Ltd., member of OmniScriptum Publishing Group
17 Meldrum Street, Beau Bassin 71504, Mauritius
Printed at: see last page
ISBN: 978-620-2-49497-7

Copyright © Enid Artursdottir
Copyright © 2020 International Book Market Service Ltd., member of OmniScriptum Publishing Group

Inhaltsverzeichnis:

I. Prozessbetrug .... S. 3

II. Versorgungsausgleich .... S. 5

III. Strafanzeige .... S. 13

IV. Ermittlungsverfahren .... S. 15

V. Beschwerde .... S. 25

VI. Zurückweisung .... S. 34

I. Prozessbetrug:

„Was ist Prozessbetrug?

Die rechtliche Grundlage des Prozessbetrugs ist **§ 263 StGB i.V. mit der in § 138 ZPO** verankerten Wahrheitspflicht in Zivilprozessen.

Gem. § 138 Abs. 1 ZPO ist jede Partei verpflichtet, vor Gericht Erklärungen über tatsächliche Umstände vollständig und der Wahrheit gemäß abzugeben.

Im bekanntesten StGB-Kommentar (Dreher/Tröndle) der selbst von obersten Bundesgerichten zitiert wird, heißt es dazu unter Randnummer 22 zu § 263 StGB:

`... hat im Prozeß aufgrund der Pflicht zur Redlichkeit jeder Teil wahrheitsgemäß die Tatsachen vorzutragen, für die er beweisbelastet ist.

Die vorsätzliche Verletzung der Wahrheitspflicht in obigen Fällen verstößt gegen § 263: der Versuch beginnt bereits mit dem Einreichen bewußt unwahren Parteivorbringens.

Ein Betrugsversuch ist in diesen Fällen mit der ablehnenden Entscheidung beendet.´

Methodisch gehört der Prozessbetrug zur Gruppe des sogenannten Dreiecksbetrugs.

Ein wesentliches Tatbestandsmerkmal des Betrugs ist die Täuschung bzw. das Vorspiegeln falscher Tatsachen.

Während beim `gewöhnlichen´ Betrug Getäuschter und Geschädigter identisch sind, wird beim Prozessbetrug der Betroffene nur mittelbar durch den Betrüger geschädigt.

Unmittelbarer Verursacher der Vermögensschädigung ist hier der Richter, der aufgrund der falschen Tatsachenbehauptung zum Beispiel durch Abweisung einer sachlich berechtigten Forderung das Vermögen des Betroffenen schädigt.“[1]

[1] Vgl. www.locus24.de/stadt/PDF/prozessbetrug_definition.pdf

II. Versorgungsausgleich:

Prozessbetrug im Versorgungsausgleich:

1) Überblick:

- Mein damaliger Ehemann machte während des Scheidungsprozesses (im Jahre 2012) Falschangaben bzw. unterschlug Informationen in Bezug auf den Versorgungsausgleich.
- In Folge dessen werden mir seit Versetzung in den Ruhestand (Oktober 2016) dreistellige Beträge von meinem Gehalt einbehalten.

2) Einzelheiten:

Der Fragebogen zum Versorgungsausgleich, wie ihn mein Exmann am 22.01.2012 unterzeichnete, ist fehlerhaft und unvollständig.

Die Ergänzungen dazu, welche ich vor über 7 Jahren handschriftlich vornahm, versuche ich hier noch einmal in lesbare Form zu bringen:

Fragebogen zum Versorgungsausgleich Seite 1:

- Personalien: die Staatsangehörigkeit ist unvollständig bzw. falsch: Er ist nicht (nur) deutscher, sondern – bedingt durch seine Geburt in Buenos Aires / Argentinien, doppelter Staatsangehörigkeit: deutsch und argentinisch.

- Er verneinte es, Arbeiter oder Angestellter im öffentlichen Dienst gewesen zu sein und Anrechte aus einer Zusatzversorgung erworben zu haben – dies ist nicht korrekt: Die Zusatzversorgungseinrichtungen lauten: 1) Zusatzversorgungskasse und 2) Zusatzversorgungskasse.

Fragebogen zum Versorgungsausgleich Seite 2:

- Er verneinte es, Beamter gewesen zu sein – dies ist eine falsche Angabe: er war sowohl Beamter auf Probe als auch Beamter auf Widerruf bei folgendem Versorgungsträger: Versorgungsträger.

- Er verneinte es, einen (bzw. mehrere) private Altersvorsorgevertra(e)g(e) abgeschlossen zu haben – dies ist eine falsche Angabe: er hat gleich zwei kapitalbildende Lebensversicherungen auf Todes- und Erlebnisfall abgeschlossen: Der Name des Versicherungsunternehmens lautet: Lebensversicherungs-Aktiengesellschaft. Die erste Lebensversicherung läuft seit dem 01.12.2002 bis zum 01.12.2020 mit monatlicher Einzahlung von 100,00 € unter der Versicherungsnummer, am 01.12.2020 sollen dabei (mindestens)

24.171,00 € ausgezahlt werden. Die zweite Lebensversicherung läuft seit dem 01.12.2004 bis zum 30.11.2031 mit monatlicher Einzahlung von 117,48 € unter der Versicherungsnummer, im Todesfall sollen (mindestens) 38.235,00 € ausgezahlt werden, im Erlebnisfall (mindestens) dieselbe Summe am 30.11.2031.

- Er verneinte es, Anrechte auf Alters- bzw. Invaliditätsversorgung zu haben – diese Angabe ist falsch: der Name des Versicherungsunternehmens lautet Lebensversicherungs-Aktiengesellschaft. Seit 01.10.2004 läuft seine Berufsunfähigkeitsversicherung mit monatlicher Einzahlung von 77,08 € bis 30.09.2026 mit Versicherungsnummer, die im Fall von Invalidität mit einer monatlichen Rente von 655,28 € greift. Seine Lebens- bzw. Invaliditätsversicherung (s.o.), die sowohl im Erlebnis/Invaliditätsfall als auch im Todesfall greift: Versicherungsnummer, seit dem 01.12.2004 mit Auszahlungssumme von 38.235,00 €, spätestens am 30.11.2031.

- Er verneinte Leistungen wegen Invalidität (z.B. aus einer privaten Berufsunfähigkeitsversicherung) zu beziehen) – diese Angabe ist zumindest zweifelhaft, insbesondere, da er am 01.08.2011 einen Schlaganfall erlitten hat. Seit 01.10.2004 läuft seine Berufsunfähigkeitsversicherung mit monatlicher Einzahlung von 77,08 € bis 30.09.2026 mit Versicherungsnummer, die im Fall von Invalidität mit einer monatlichen Rente von 655,28 € greift. Name des Versicherungsunternehmens lautet: Lebensversicherungs-Aktiengesellschaft (hier dürfte er außerdem auch eine Unfallversicherung usw. abgeschlossen haben). Zudem war/ist er bei zwei weiteren Versicherungsunternehmen kranken- und invaliditätsversichert: 1) Versicherung; 2) Versicherung.

Nachdem mich meine damalige Rechtsanwältin am 31.01.2012 schriftlich um die Prüfung auf Richtigkeit bat, wies ich sie u.a. telefonisch auf die unvollständigen bzw. Falschangaben meines Exmannes hin. Daraufhin schickte sie am 08.02.2012 die Ergänzungsbitte an das Amtsgericht.

Daraufhin erwiderte der gegnerische Rechtsanwalt am 10.02.2012 und am 19.03.2012 Undeutliches und Verwirrendes.

Darin wird u.a. behauptet, „geht der Antragsgegner zur Zeit davon aus, dass ihm wegen der Kurzzeitigkeit seiner Beschäftigung im Dienst die eventuell bestehende Zusatzversorgung erstattet worden ist" (OHNE BELEGE!),

weiterhin: „Während der Zeit bestand keine Zusatzversorgung, da dieser Dienst nicht im Angestelltenverhältnis abgeleistet wurde." (es bestand jedoch mind. eine Versorgung beim Versorgungsträger).

„Der Antragsteller ist jedoch bemüht, in seinen Unterlagen noch irgendetwas zu eventueller Zusatzversorgung aufzufinden." (dies ist jedoch niemals vollständig recherchiert worden, es blieb undurchschaubar),

„Wegen seines Umzugs und seiner derzeitigen schlaganfallsbedingten körperlichen Beeinträchtigung bestehen hier jedoch zur Zeit noch

Schwierigkeiten." (danach hat sich keiner mehr vom Gericht getraut nachzuhaken!)

Im Schreiben von März 2012 gesteht der gegnerische Anwalt zwar freundlicherweise: „Der Antragsgegner hat in der Zwischenzeit verschiedene Unterlagen gefunden", redet jedoch wiederum nur schmälernd von „potentiellen Anwartschaften" und „potentiellen Versorgungen und Versicherungen" (diese „Potentialität" ist niemals abgeklärt worden!)

- „Wir überreichen in Kopie Versicherungsnachweis der Versorgungsanstalt vom Januar 2010." (damit ist belegt, dass seine Angaben im Fragebogen FALSCH waren!)

- „Ergänzend hierzu Schreiben der Oberfinanzdirektion vom 19.10.2009, ebenfalls in Kopie" (es fehlen nach wie vor Angaben zur Zusatzversorgungskasse).

- „Der Antragsgegner war in der Tat vorübergehend Beamter auf Probe – bzw. zur Anstellung durch den Dienst." (Damit ist wiederum belegt, dass weitere Angaben im Fragebogen FALSCH waren!)

- „Diese Zeiten sind durch den vormaligen Dienstherren nach Kenntnis des Antragsgegners bei der Rentenversicherung nachgezahlt worden mit dem Ausscheiden aus dem Dienst." (Belege fehlen)

- „Bei der von der Antragstellerin genannten Versicherung handelt es sich um eine Krankenversicherung." (Das eine schließt das andere nicht aus, ungeklärt bleibt weiterhin die Versicherung bei der übrigen Versicherung!)

- „Bei den Versicherungsverträgen mit der Lebensversicherungs-Aktiengesellschaft handelt es sich sämtlich um kapitalbildende Lebensversicherungen." (Dies sollte nachgewiesen werden – dies ist niemals geschehen!).

- „Zu einer Lebensversicherung bestand eine Berufsunfähigkeitsversicherung." (Damit wäre schon wieder belegt, dass die Angaben im Fragebogen durch ihn und/oder seinen Anwalt FALSCH waren!)

- „Diese Lebensversicherung ist einschließlich der Berufsunfähigkeitsversicherung nach Erinnerung des Antragsgegners schon vor einiger Zeit gekündigt worden." (Seine Erinnerungen sind nachweislich unzuverlässig – er soll BELEGE beibringen!)

- „Die weiteren kapitalbildenden Lebensversicherungen sind ruhend gestellt." (Dies beweist weiterhin die Falschangaben von ihm selbst und seinem Rechtsanwalt, zudem fehlen die Belege, ruhende Verträge sind keine gekündigten Verträge, sie gelten weiterhin!!!)

- „Zur Berücksichtigung im Versorgungsausgleich kommen sie nicht in Frage." (Diese Aussage dürfte ebenfalls FALSCH sein: die Ehezeit lief von 07/2001 bis 12/2011 – in diese Zeit fallen sämtliche Versicherungen und Versorgungsanrechte!!!)

Leider hat sich danach niemand mehr gewagt, weitere Ergänzungen oder gar Belege zu fordern (wohl aus Mitleid mit dem schlaganfallsgeschädigten Antragsgegner).

Damit war die Berechnungsgrundlage für den Versorgungsausgleich von vornherein (wissentlich) unvollständig gehalten und die Berechnung verkehrt.

Dies gilt es nun im Nachgang zu prüfen und ZU KORRIGIEREN!

Mit einigen wenigen Falschangaben haben die Herren aus der nicht schlagenden Verbindung dem Mandanten ein monatliches Zubrot im dreistelligen Bereich „besorgt".

Seit Eintritt in den Ruhestand wird mir monatlich dieser dreistellige Betrag einbehalten.

Die Verfügung des Amtsgerichtsdirektors vom 30.03.2012 hätte er unter „folgende Auskünfte einholen" somit nicht nur „Rentenversicherung" ankreuzen sollen, sondern darüber hinaus auch noch unter „Zusatzversorgungen" ein Kreuz machen, außerdem hätte er ein weiteres Kreuz bei „Altersversorgung" und „Lebensversicherungsunternehmen" machen müssen: Lebensversicherungs-Aktiengesellschaft usw.

Der Amtsgerichtsdirektor hat sich hier durch die scheinheiligen Ausreden des Rechtsanwalts täuschen und in die Irre führen lassen.

Die Auskünfte wurden nur unvollständig eingeholt.

Daher stimmt die Berechnung nicht.

Die Auskünfte sollen nachträglich eingeholt werden (dies geht nur polizeilich bzw. gerichtlich, die Unternehmen geben mir als „Privatperson“ ohne Befugnis keine weiteren Auskünfte) und die Berechnung soll korrigiert werden.

Es dürfte dann neu berechnet werden, ob tatsächlich die mir von meinem Ruhegehalt einbehaltenen dreistelligen Beträge meinem Exmann zu Recht zustehen, oder nur durch seine Kanzlei täuschend erwirkt worden sind. Dies bitte ich SIE zu prüfen.

3) Nachtrag:

Alle drei von mir mit Versicherungsnummer betitelten Lebensversicherungen existieren nachweislich!!!

Zur „Zusatzversorgungsversicherung“ heißt es: „Leider können wir Ihnen aus Datenschutzgründen keine Auskunft erteilen. Bitte lassen Sie uns eine entsprechende Vollmacht / einen entsprechenden Nachweis zukommen.“

III. Strafanzeige:

1. Schreiben der Kriminalinspektion:[2]

Polizeipräsidium

Kriminalinspektion

Aktenzeichen

Bitte immer angeben!

Ansprechpartner

KHK

Bestätigung über die Erstattung einer Strafanzeige

- Diese Bestätigung ersetz keine amtlichen Dokumente –

Straftat/-en

§ 263 StGB Betrug (sonstiger) Prozessbetrug

[2] 23.12.2019

Anzeigenaufnahme am

Mo, 23.12.2019, 11:19 h

Polizei und Staatsanwaltschaft werden den Sachverhalt prüfen und die ggf. erforderlichen Maßnahmen zur Aufklärung des Sachverhalts und zur Täterermittlung einleiten.

Sollten diese Ermittlungsmaßnahmen nicht erfolgreich sein, wird das Verfahren eingestellt.

Die Staatsanwaltschaft geht in diesem Fall davon aus, dass Sie an der Erteilung eines gesonderten Einstellungsbescheides kein Interesse haben, sollten Sie nicht ausdrücklich binnen zwei Wochen ab Zugang dieser Mitteilung Gegenteiliges erklären.

Die Ermittlungen werden aber in jedem Fall unaufgefordert wieder aufgenommen, wenn sich neue Tatsachen oder Beweismittel ergeben, die zur Ermittlung des Täters führen können.

Im Falle der Ermittlung eines Täters erhalten Sie unaufgefordert Nachricht.

Dieses Schreiben wurde maschinell erstellt und bedarf zu seiner Wirksamkeit keiner Unterschrift.

IV. Ermittlungsverfahren:

1. Schreiben der Staatsanwaltschaft:[3]

Ermittlungsverfahren gegen N.N. wegen Betruges

Sehr geehrte Frau A.,

in dem vorbezeichneten Verfahren wurde heute folgende Entscheidung getroffen:

Das Verfahren wird bezüglich N.N. gemäß § 170 Abs. 2 der Strafprozessordnung eingestellt.

Es ist am 23.07.2017 Verjährung eingetreten, so dass ein Verfahrenshindernis besteht.

[3] 26.02.2020

Gegen diesen Bescheid ist das Rechtsmittel der Beschwerde zulässig. Diese muss binnen einer Frist von zwei Wochen ab Erhalt dieses Bescheides bei der Generalstaatsanwaltschaft oder bei der Staatsanwaltschaft eingegangen sein.

Der Antrag kann auch als elektronisches Dokument eingereicht werden. Eine einfache E-Mail genügt den Anforderungen nicht.

Das elektronische Dokument muss

- mit einer qualifizierten elektronischen Signatur der verantwortenden Person versehen sein oder
- von der verantwortenden Person signiert und auf einem sicheren Übermittlungsweg eingereicht werden.

Ein elektronisches Dokument, das mit einer qualifizierten elektronischen Signatur der verantwortenden Person versehen ist, darf wie folgt übermittelt werden:

- auf einem sicheren Übermittlungsweg oder
- über eine Anwendung, die auf OSCI oder einem diesen ersetzenden, dem jeweiligen Stand der Technik entsprechenden, Protokollstandard beruht, an das besondere elektronische Behördenpostfach der Staatsanwaltschaft oder der Generalstaatsanwaltschaft.

Wegen der sicheren Übermittlungswege wird auf § 32a Abs. 4 StPO verwiesen. Hinsichtlich der weiteren Voraussetzungen zur elektronischen Kommunikation mit den Staatsanwaltschaften und Gerichten wird auf die Verordnung über die technischen Rahmenbedingungen des elektronischen Rechtsverkehrs und über das elektronische Behördenpostfach (ERVV) in der jeweils geltenden Fassung sowie auf die Internetseite www.justiz verwiesen.

Mit freundlichen Grüßen

gez.

Staatsanwältin

2. Schreiben an den Rechtsanwalt:[4]

Sehr geehrter Herr Rechtsanwalt,

wie schon am 19.12.2019 mitgeteilt, habe ich am 23.12.2019 eine Strafanzeige bei der hiesigen Kriminalinspektion erstattet.

Mit heutiger Post erhalte ich ein Schreiben der Staatsanwaltschaft vom 26.02.2020, nach welcher das Verfahren eingestellt werden soll.

Am 23.07.2017 sei die Verjährung eingetreten, sodass ein "Verfahrenshindernis" bestehe.

Gegen diesen Bescheid sei das **Rechtsmittel der Beschwerde** zulässig.

Können Sie sich vorstellen, mich in diesem Fall (weiterhin) zu vertreten?

Mit der Bitte um eine zeitnahe Antwort.

Mit freundlichen Grüßen

Ihre Mandantin

[4] 06.03.2020

3. Schreiben an den Rechtsanwalt:[5]

Sehr geehrter Herr Rechtsanwalt,

anbei mein erster Entwurf einer Beschwerde.

Bitte teilen Sie mir kurzfristig mit, ob Sie mich anwaltlich vertreten.

Mit freundlichen Grüßen

Ihre Mandantin

[5] 06.03.2020

4. Entwurf eines Schreibens an die Generalstaatsanwaltschaft:[6]

BESCHWERDE

Aktenzeichen

Ermittlungsverfahren gegen N.N. wegen Betruges

Sehr geehrte Frau Staatsanwältin,

Ihr Schreiben vom 26.02.202 wurde mir mit heutiger Post zugestellt.

Gegen den Bescheid möchte ich hiermit vom Rechtsmittel der Beschwerde Gebrauch machen.

Stellt sich nach Eröffnung des Hauptverfahrens ein Verfahrenshindernis heraus, so kann das Gericht außerhalb der Hauptverhandlung das Verfahren durch Beschluss einstellen. Der Beschluss ist mit sofortiger Beschwerde anfechtbar (§ 206a StPO – Einstellung des Verfahrens bei Verfahrenshindernis). Im vorliegenden Fall ist es nicht einmal zur Eröffnung eines Hauptverfahrens gekommen.

Verfahrenshindernisse sind als Gegenteil von Prozessvoraussetzungen anzusehen. Zwar wird Verjährungseintritt als Verfahrenshindernis angesehen, eine gesetzliche Definition der Verfahrenshindernisse besteht jedoch nicht.

[6] 06.03.2020

Die Verjährung als rechtshemmende Einrede dient dazu, nach Ablauf der Frist, in der Ansprüche durchgesetzt werden können, **RECHTSFRIEDEN** herzustellen und für eine zeitliche Begrenzung zu sorgen, in der eine juristische Durchsetzung der eigenen Ansprüche wahrgenommen werden kann.

Außerdem können die gesetzlich vorgegebenen Verjährungsfristen unter bestimmten Voraussetzungen beeinflusst werden. Dabei beschreibt der Begriff der Hemmung der Verjährung den Zeitraum, der bei der Berechnung der Verjährung nicht mit einfließt. Somit lähmt eine Hemmung der Verjährung den Ablauf bzw. die Dauer der Verjährungsfrist.

Zu einer Hemmung der Verjährung kann es aus unterschiedlichen Gründen kommen. So zum Beispiel bei Verhandlungen (§ 203 BGB), bei Rechtsverfolgung (§ 204 BGB) und bei höherer Gewalt (§ 206 BGB).

Die Hemmungsgründe beschreiben prinzipiell Sachverhalte, in denen der Gläubiger aus verschiedenen Gründen nicht in der Lage ist, eigene Rechte geltend zu machen. Darüber hinaus soll der Rechtsverfolgung **DIE NÖTIGE ZEIT GEGEBEN WERDEN**, ohne unter den Zwang gesetzt zu werden, mögliche Verjährungsfristen einhalten zu müssen.

Schweben beispielsweise zwischen Schuldner und Gläubiger Verhandlungen, so ist die Verjährung gehemmt (vgl. **§ 203 BGB – Hemmung der Verjährung bei Verhandlungen**).

Weiterhin wird die Verjährung gehemmt durch die Erhebung der Klage auf Leistung oder auf Feststellung eines Anspruchs, die Zustellung eines

Antrags über den Unterhalt Minderjähriger oder die Veranlassung der Bekanntgabe des erstmaligen Antrags auf Gewährung von Prozesskostenhilfe oder Verfahrenskostenhilfe (vgl. **§ 204 – Hemmung der Verjährung durch Rechtsverfolgung**). Dabei beginnt die Hemmung erneut, wenn eine der Parteien das Verfahren weiter betreibt.

Darüber hinaus ist die Verjährungsfrist gehemmt, solange der Gläubiger innerhalb der letzten sechs Monate der Verjährungsfrist durch höhere Gewalt an der Rechtsverfolgung gehindert ist (vgl. **§ 206 BGB – Hemmung der Verjährung bei höherer Gewalt**).

Dabei wird der Zeitraum, während dessen die Verjährung gehemmt ist, in die Verjährungsfrist **NICHT MIT EINGERECHNET** (vgl. **§ 209 BGB – Wirkung der Hemmung**).

Gelangt eine Sache, hinsichtlich derer ein dinglicher Anspruch besteht, durch Rechtsnachfolge in den Besitz eines Dritten, so kommt die während des Besitzes des Rechtsvorgängers verstrichene Verjährungszeit dem Rechtsnachfolger zugute (**§ 198 – Verjährung bei Rechtsnachfolge**).

Die regelmäßige Verjährungsfrist beginnt MIT DEM SCHLUSS DES JAHRES, in dem der Gläubiger von den den Anspruch begründenden Umständen und der Person des Schuldners **KENNTNIS ERLANGT**! **(vgl. § 199 BGB – Beginn der regelmäßigen Verjährungsfrist und Verjährungshöchstfristen).**

Schadensersatzansprüche, die auf der Verletzung des Lebens, des Körpers, der Gesundheit oder der Freiheit beruhen, verjähren OHNE

RÜCKSICHT AUF IHRE ENTSTEHUNG und die Kenntnis in **30 JAHREN VON DER BEGEHUNG DER HANDLUNG, DER PFLICHTVERLETZUNG oder dem sonstigen, den SCHADEN AUSLÖSENDEN EREIGNIS AN** **(vgl. § 199 BGB – Beginn der regelmäßigen Verjährungsfrist und Verjährungshöchstfristen).**

Sonstige Schadensersatzansprüche verjähren ohne Rücksicht auf die Kenntnis **IN ZEHN JAHREN VON IHRER ENTSTEHUNG AN** bzw. ohne Rücksicht auf ihre Entstehung und die Kenntnis **IN 30 JAHREN** von der Begehung der Handlung, der Pflichtverletzung oder dem sonstigen, den Schaden auslösenden Ereignis an **(vgl. § 199 BGB – Beginn der regelmäßigen Verjährungsfrist und Verjährungshöchstfristen).**

Hiermit beantrage ich dementsprechend

1. Die Erhebung der Klage auf Leistung und Feststellung des Anspruchs, auf Erteilung und Erlass einer Vollstreckungsklausel,

2. Die Veranlassung der Bekanntgabe des Antrags, mit dem der Anspruch geltend gemacht wird,

3. Die Geltendmachung der Aufrechnung des Anspruchs im Prozess,

4. Die Anmeldung zu einem Musterverfahren für Ansprüche mit gleichem zugrunde liegenden Lebenssachverhalt mit Klage auf Leistung und Feststellung der in der Anmeldung bezeichneten Ansprüche,

5. Die Durchführung eines selbständigen Beweisverfahrens,

6. Den Beginn eines vereinbarten Begutachtungsverfahrens,

7. Die Zustellung des Antrags auf Erlass eines Arrests, einer einstweiligen Verfügung oder einstweiligen Anordnung oder der Einreichung des Antrags bzw. Zustellung an den Schuldner.

Mit freundlichen Grüßen

Antragstellerin

V. **Beschwerde:**

1. Schreiben an die Generalstaatsanwaltschaft:[7]

Sehr geehrte Frau Staatsanwältin,
sehr geehrte Damen und Herren,

hiermit lege ich Beschwerde ein (siehe Anhang).

Das elektronische Dokument wurde von mir als verantwortender Person signiert und wird auf einem sicheren Übermittlungsweg eingereicht.

Bitte teilen Sie mir mit, ob der eingereichte Antrag damit den Anforderungen genügt.

Sicherheitshalber werde ich Ihnen die Beschwerde außerdem postalisch zukommen lassen.

Mit freundlichen Grüßen
Antragstellerin

---

[7] 07.03.2020

2. Beschwerde an die Generalstaatsanwaltschaft:[8]

BESCHWERDE

Aktenzeichen

Ermittlungsverfahren gegen N.N. wegen Betruges

Sehr geehrte Frau Staatsanwältin,

Ihr Schreiben vom 26.02.202 wurde mir mit heutiger Post zugestellt.

Gegen den Bescheid möchte ich hiermit vom Rechtsmittel der Beschwerde Gebrauch machen.

„Stellt sich nach Eröffnung des Hauptverfahrens ein Verfahrenshindernis heraus, so kann das Gericht außerhalb der Hauptverhandlung das Verfahren durch Beschluss einstellen. Der Beschluss ist mit sofortiger Beschwerde anfechtbar (§ 206a StPO – Einstellung des Verfahrens bei Verfahrenshindernis).“ Im vorliegenden Fall ist es nicht einmal zur Eröffnung eines Hauptverfahrens gekommen.

„Verfahrenshindernisse sind als Gegenteil von Prozessvoraussetzungen anzusehen. Zwar wird Verjährungseintritt als Verfahrenshindernis

[8] 07.03.2020

angesehen, eine gesetzliche Definition der Verfahrenshindernisse besteht jedoch nicht."

*„Die Verjährung als rechtshemmende Einrede dient dazu, nach Ablauf der Frist, in der Ansprüche durchgesetzt werden können, **RECHTSFRIEDEN** herzustellen und für eine zeitliche Begrenzung zu sorgen, in der eine juristische Durchsetzung der eigenen Ansprüche wahrgenommen werden kann."*

Wie soll jedoch ein Rechtsfrieden hergestellt werden, wenn der Betrüger damit belohnt wird, dass ihm monatlich bis zum Lebensende eine dreistellige Summe ausgezahlt wird, die ihm gar nicht zusteht bzw. wenn die Betrogene damit doppelt und dreifach bestraft wird, dafür, dass dem Amtsrichter bzw. dem Direktor des Amtsgerichts ein Fehler unterläuft, er sich täuschen und betrügen lässt, doch nicht dafür haften muss, eine Gläubigerin zu benachteiligen und einen Schuldner zu bevorteilen?

Zumal sich die Summe im Laufe der Jahre auf einen sechsstelligen Betrag belaufen dürfte, die mir Monat für Monat von meinem Gehalt einbehalten wird.

Davon abgesehen ist es ungerecht, wenn nicht alle Faktoren in die Berechnung des Versorgungsausgleiches einbezogen werden, zumal davon auszugehen sein dürfte, dass unter Berücksichtigung der drei wissentlich unterschlagenen Lebensversicherungen usw. eine monatliche Auszahlung in die andere Richtung fließen müsste.

„Außerdem können die gesetzlich vorgegebenen Verjährungsfristen unter bestimmten Voraussetzungen beeinflusst werden. Dabei

beschreibt der Begriff der Hemmung der Verjährung den Zeitraum, der bei der Berechnung der Verjährung nicht mit einfließt. Somit lähmt eine Hemmung der Verjährung den Ablauf bzw. die Dauer der Verjährungsfrist."

„Zu einer Hemmung der Verjährung kann es aus unterschiedlichen Gründen kommen. So zum Beispiel bei Verhandlungen (§ 203 BGB), bei Rechtsverfolgung (§ 204 BGB) und bei höherer Gewalt (§ 206 BGB)."

„Die Hemmungsgründe beschreiben prinzipiell Sachverhalte, in denen der Gläubiger aus verschiedenen Gründen nicht in der Lage ist, eigene Rechte geltend zu machen. Darüber hinaus soll der Rechtsverfolgung ***DIE NÖTIGE ZEIT GEGEBEN WERDEN****, ohne unter den Zwang gesetzt zu werden, mögliche Verjährungsfristen einhalten zu müssen."*

„Schweben beispielsweise zwischen Schuldner und Gläubiger Verhandlungen, so ist die Verjährung gehemmt (vgl. ***§ 203 BGB – Hemmung der Verjährung bei Verhandlungen****)."*

Zwischen Schuldner und Gläubigerin schweben seit dem Jahr der Trennung 2010 (also seit einem Jahrzehnt) ohne Unterlass diverse Verhandlungen.

„Weiterhin wird die Verjährung gehemmt durch die Erhebung der Klage auf Leistung oder auf Feststellung eines Anspruchs, die Zustellung eines Antrags über den Unterhalt Minderjähriger oder die Veranlassung der Bekanntgabe des erstmaligen Antrags auf Gewährung von Prozesskostenhilfe oder Verfahrenskostenhilfe (vgl. ***§ 204 – Hemmung***

***der Verjährung durch Rechtsverfolgung**). Dabei beginnt die Hemmung erneut, wenn eine der Parteien das Verfahren weiter betreibt."*

Auch über den Unterhalt der minderjährigen Kinder wird nahezu ohne Unterbrechung seit dem Jahr 2010 gestritten. Aktuell geht es beispielsweise um die Unterhaltsrückstände aus dem Jahr 201, die durch einen familiengerichtlichen Ausgleichsanspruch von der Gegenseite eingefordert werden müssen.

*„Darüber hinaus ist die Verjährungsfrist gehemmt, solange der Gläubiger innerhalb der letzten sechs Monate der Verjährungsfrist durch höhere Gewalt an der Rechtsverfolgung gehindert ist (vgl. **§ 206 BGB – Hemmung der Verjährung bei höherer Gewalt**)."*

Ich gebe zu bedenken, dass ich ab Ende 2016 bis in den Spätherbst 2017 mit meiner jüngsten Tochter schwanger war. Sie kam im September 2017 zur Welt. Von Herbst 2014 bis Sommer 2015 war ich mit meinen Zwillingen schwanger. Sie kamen im Juli 2015 zur Welt. Ab Anfang März 2016 war ich offiziell allein erziehend mit vier minderjährigen Kindern im Haushalt. Dies bitte ich bei der Berechnung der Fristsetzung zu berücksichtigen.

*„Dabei wird der Zeitraum, während dessen die Verjährung gehemmt ist, in die Verjährungsfrist **NICHT MIT EINGERECHNET** (vgl. **§ 209 BGB – Wirkung der Hemmung**)."*

„Gelangt eine Sache, hinsichtlich derer ein dinglicher Anspruch besteht, durch Rechtsnachfolge in den Besitz eines Dritten, so kommt die während des Besitzes des Rechtsvorgängers verstrichene

*Verjährungszeit dem Rechtsnachfolger zugute (**§ 198 – Verjährung bei Rechtsnachfolge**).“*

Ich habe einen Anspruch auf die VOLLSTÄNDIGE Auszahlung meines – ohnehin recht niedrig bemessenen – Ruhegehaltes. Daher bitte ich das Gericht um die Anerkennung der Hemmung genannter Verjährungszeiten.

*„Die regelmäßige Verjährungsfrist beginnt MIT DEM SCHLUSS DES JAHRES, in dem der Gläubiger von den den Anspruch begründenden Umständen und der Person des Schuldners **KENNTNIS ERLANGT**! **(vgl. § 199 BGB – Beginn der regelmäßigen Verjährungsfrist und Verjährungshöchstfristen).“***

Nachweislich habe ich erst im Kalenderjahr 2019 überhaupt von den den Anspruch begründenden Umständen Kenntnis erlangt – nachdem ich mir einen Rechtsanwalt gesucht hatte, der sich bereit erklärte, die Scheidungsakten zur Ansicht in seine Kanzlei zu bestellen. Vorher KONNTE ich gar nicht wissen, dass dem Direktor des Amtsgerichts ein grober Fehler unterlaufen ist, indem er der Gegenseite BLIND Glauben schenkte und meine wiederholten Hinweise auf Unvollständigkeit der Akten usw. ignorierte bzw. als irrelevant abtat.

*„Schadensersatzansprüche, die auf der Verletzung des Lebens, des Körpers, der Gesundheit oder der Freiheit beruhen, verjähren OHNE RÜCKSICHT AUF IHRE ENTSTEHUNG und die Kenntnis in **30 JAHREN VON DER BEGEHUNG DER HANDLUNG, DER PFLICHTVERLETZUNG oder dem sonstigen, den SCHADEN***

***AUSLÖSENDEN EREIGNIS AN* (vgl. § 199 BGB – Beginn der regelmäßigen Verjährungsfrist und Verjährungshöchstfristen).“**

Es stellt sich die Frage, ob die Schadensersatzansprüche nicht tatsächlich auf Verletzung von Leben, Körper, Gesundheit und Freiheit meiner Person und nicht zuletzt auch meiner vier im Haushalt lebenden Kinder beruhen. Bei monatlichem Einbehalt von knapp 300,- fehlen nach einem Kalenderjahr bereits 3.500,-, beispielsweise nach 10 Jahren somit 35.000,- usw. usf., weil der Direktor des Amtsgericht nachlässig recherchiert bzw. unverantwortlich entschieden hat und der Prozessbetrug meines Exmannes gemeinsam mit seinem Anwalt somit „erfolgreich“ war.

„Sonstige Schadensersatzansprüche verjähren ohne Rücksicht auf die Kenntnis ***IN ZEHN JAHREN VON IHRER ENTSTEHUNG AN*** *bzw. ohne Rücksicht auf ihre Entstehung und die Kenntnis* ***IN 30 JAHREN*** *von der Begehung der Handlung, der Pflichtverletzung oder dem sonstigen, den Schaden auslösenden Ereignis an* ***(vgl. § 199 BGB – Beginn der regelmäßigen Verjährungsfrist und Verjährungshöchstfristen).“***

Hiermit beantrage ich die Verjährung der Schadensersatzansprüche auf die in § 199 BGB genannten **zehn Jahre [Ablauf der Verjährungsfrist: 23.07.2022!]** bzw. 30 Jahre [Ablauf der Verjährungsfrist: 23.07.2042] zu erhöhen.

Demnach läge noch keine Verjährung und dementsprechend auch kein Verfahrenshindernis vor. Somit ersuche ich Sie, das Hauptverfahren zu eröffnen bzw. das eingestellte Verfahren bis auf weiteres wieder aufzunehmen.

Darüber hinaus beantrage ich

1. Die Erhebung der Klage auf Leistung und Feststellung des Anspruchs, auf Erteilung und Erlass einer Vollstreckungsklausel,

2. Die Veranlassung der Bekanntgabe des Antrags, mit dem der Anspruch geltend gemacht wird,

3. Die Geltendmachung der Aufrechnung des Anspruchs im Prozess,

4. Die Anmeldung zu einem Musterverfahren für Ansprüche mit gleichem zugrunde liegenden Lebenssachverhalt mit Klage auf Leistung und Feststellung der in der Anmeldung bezeichneten Ansprüche,

5. Die Durchführung eines selbständigen Beweisverfahrens,
6. Den Beginn eines vereinbarten Begutachtungsverfahrens,

7. Die Zustellung des Antrags auf Erlass eines Arrests, einer einstweiligen Verfügung oder einstweiligen Anordnung oder der Einreichung des Antrags bzw. Zustellung an den Schuldner.

Mit freundlichen Grüßen

Antragstellerin

3. Schreiben an den Rechtsanwalt:[9]

Sehr geehrter Herr Rechtsanwalt,

anbei zur Kenntnisnahme.

Mit freundlichen Grüßen

Ihre Mandantin

[9] 07.03.2020

VI. Zurückweisung:

1. Schreiben der Generalstaatsanwaltschaft:[10]

Ihre Strafanzeige gegen N.N. wegen Betruges – Aktenzeichen 2020 StA

Ihre Beschwerde vom 06.03.2020 gegen den Bescheid der Staatsanwaltschaft vom 26.02.2020

Sehr geehrte Frau A.,

auf Ihre Beschwerde habe ich den Sachverhalt geprüft, jedoch im Ergebnis keinen Anlass gefunden, die Aufnahme von Ermittlungen anzuordnen.

Zwar erweist sich die Auffassung der Staatsanwaltschaft, es sei eine Verfolgungsverjährung eingetreten, rechtlich als nicht zutreffend. Die Aufnahme von Ermittlungen kommt gleichwohl nicht in Betracht, da es

[10] 23.03.2020

nach dem von Ihnen vorgetragenen Sachverhalt an einem Anfangsverdacht für eine verfolgbare strafbare Handlung fehlt.

Die Einleitung eines Ermittlungsverfahrens setzt nach § 152 StPO den Anfangsverdacht einer Straftat voraus. Die Strafverfolgungsbehörden dürfen erst dann aufklärend und strafverfolgend tätig werden, wenn zureichende tatsächliche Anhaltspunkte für eine Straftat vorliegen. Bloße Vermutungen sind für die Annahme eines Anfangsverdachtes nicht geeignet.

Für die Annahme zureichender Anhaltspunkte einer Straftat, die es rechtfertigt, die Mittel der Strafverfolgungsbehörden einzusetzen, genügt eine gewisse, wenn auch noch geringe Wahrscheinlichkeit, bei der Zweifel an der Richtigkeit des Verdachtes noch überwiegen dürfen. Eine lediglich allgemein theoretische Möglichkeit des Vorliegens von Straftaten reicht indes nicht aus.

Dürftige und ungeprüfte Angaben sowie Gerüchte und einseitige Behauptungen reichen für die Annahme zureichender Anhaltspunkte grundsätzlich nicht aus. Selbst bei der Annahme zureichender Anhaltspunkte für eine strafbare Handlung müssen diese aber auf eine tatsächliche Grundlage gestützt werden, die darauf hindeutet, dass über die bloße allgemeine Möglichkeit der Begehung von Straftaten hinaus gerade der zu untersuchende Lebenssachverhalt eine Straftat enthält.

Hieran gemessen sind den von Ihnen eingereichten Unterlagen und zur Verfügung gestellten Informationen keine zureichenden tatsächlichen Anhaltspunkte für die Begehung einer Straftat durch Ihren geschiedenen Ehemann vor.

Soweit Sie bemängeln, der Angezeigte habe in dem Fragebogen zum Versorgungsausgleich nicht angegeben, dass er neben der deutschen auch die argentinische Staatsbürgerschaft habe, ist nicht ersichtlich, wie eine weitere Staatsangehörigkeit Auswirkungen auf die Entscheidung über den Versorgungsausgleich hätte haben können.

Soweit Sie angegeben, der Angezeigte habe in dem Fragebogen der Wahrheit zuwider nicht angegeben, dass er als Beamter oder Angestellter im öffentlichen Dienst tätig gewesen und hieraus Anrechte aus einer Zusatzversorgung erworben habe, hat der Angezeigte ausweislich der von Ihnen vorgelegten Unterlagen einen Versicherungsnachweis der Versorgungsanstalt aus dem Jahr 2010 noch während des laufenden Verfahrens über den Versorgungsausgleich vorgelegt.

Dementsprechend wurde das Anrecht in den Versorgungsausgleich einbezogen. Zudem hat der Angezeigte im familiengerichtlichen Verfahren durch seinen Rechtsanwalt mitteilen lassen, nach seiner Kenntnis sei eine etwaige Zusatzversorgung nach seinem Ausscheiden aus dem Beamtendienst bei der Rentenversicherung nachgezahlt worden. Dies lässt – in Ermangelung weiterer hierzu vorliegender Informationen – jedenfalls nicht eine ausreichende Tatsachengrundlage für die Annahme erkennen, der Angezeigte habe vorsätzlich falsche Angaben gemacht.

Für die Zahlung von von Ihnen selbst als „möglich" in den Raum gestellten Invaliditätsleistungen aus einer entsprechenden Versicherung bei der Versicherungsanstalt sind keine Anhaltspunkte vorhanden. Hierbei handelt es sich um bloße Vermutungen Ihrerseits.

Soweit Sie bemängeln, der Angezeigte habe fälschlicherweise in den Fragebogen nicht angegeben, über insgesamt drei Lebensversicherungen zu verfügen, ergibt sich aus dem von Ihnen vorgelegten Schreiben des Rechtsanwalts des Angezeigten vom 19.03.2012, dass tatsächlich zwei Lebensversicherungen bei der Versicherungsanstalt bestanden.

Nach Ihren eigenen Angaben stehen dem Angezeigten im Erlebensfall aus diesen beiden Versicherungen Einmalzahlungen zu. Voraussetzung für die Berücksichtigung von Anrechten im Versorgungsausgleich ist nach § 2 Abs. 2 Nr. 3 VersAusglG, dass das Anrecht auf eine Rente gerichtet ist. Damit unterliegen Anrechte aus privaten Lebensversicherungen nur dann dem Ausgleich, wenn dem Versicherungsnehmer die Rente zusteht.

Soll ein Lebensversicherungsantrag mit Rentenwahlrecht in den Versorgungsausgleich einbezogen werden, muss das Wahlrecht für die Rentenleistung bis zum Eintritt der Rechtshängigkeit des

Scheidungsantrags ausgeübt worden sein. Ist dies nicht der Fall oder sieht die Lebensversicherung kein Rentenwahlrecht vor, sondern ist ausschließlich auf eine Einmalzahlung gerichtet, findet eine Berücksichtigung im Versorgungsausgleich nicht statt.

Dem von Ihnen geschilderten Sachverhalt wie auch den vorgelegten Unterlagen ist jedoch bereits nicht zu entnehmen, dass die Lebensversicherungen im Sinne des § „ Abs. 2 Nr. 3 VersAusglG auf eine Rentenzahlung gerichtet waren bzw. dass der Angezeigte ein etwaig ihm zustehenden Rentenwahlrecht vor Rechtshängigkeit des Scheidungsantrags ausgeübt hat.

Für die von Ihnen ebenfalls als fehlend bemängelte Angabe einer Invaliditätsversicherung bei der Versicherungsgesellschaft ist dem vorbezeichneten Schreiben des Rechtsanwalts des Angezeigten zu entnehmen, dass der Angezeigte der Auffassung war, die Versicherung sei bereits gekündigt gewesen. Anhaltspunkte, dass dies unzutreffend ist, ergeben sich aus den von Ihnen vorgelegten Unterlagen nicht.

Insbesondere lässt sich Ihrem Schriftwechsel mit der Versicherungsgesellschaft entgegen der von Ihnen vertretenen Auffassung nicht entnehmen, dass eine solche Versicherung zum Zeitpunkt der Entscheidung über den Versorgungsausgleich tatsächlich noch bestanden hat.

Die Versicherungsgesellschaft teilt mit Schreiben vom 13.05.2019 lediglich mit, Ihnen keine Auskunft zu den angefragten Lebensversicherungen erteilen zu können, da Sie nicht Versicherungsnehmerin seien. Hieraus lassen sich jedoch keinerlei Rückschlüsse über den Bestand der Versicherungsverträge und deren Inhalt ziehen.

Überdies unterliegen Anrechte wegen Invalidität aus privaten Versicherungsverträgen nach § 28 Abs. 1 nur noch dann dem Ausgleich, wenn der Versicherungsfall bereits in der Ehezeit eingetreten ist und die ausgleichsberechtigte Person am Ende der Ehezeit eine laufende Versorgung wegen Invalidität bezieht oder die gesundheitlichen Voraussetzungen dafür erfüllt. Dass insbesondere die zwei Voraussetzung in Ihrer Person vorliegt, erscheint nach Ihrem eigenen Sachvortrag fernliegend.

Überdies findet ein Ausgleich solcher Anrechte nach § 28 Abs. 3 VersAusglG nicht im eigentlichen Versorgungsausgleich, sondern über eine schuldrechtliche Ausgleichsrente (§ 20 VersAusglG), eine Abtretung von Versorgungsansprüchen (§21 VersAusglG) oder die Zahlung eines Ausgleichswertes (§ 22 VersAusglG), so dass bereits aus diesem Grund eine Auswirkung einer etwaigen falschen Angabe auf den Versorgungsausgleich ausgeschlossen ist.

Weiter weise ich darauf hin, dass in familiengerichtlichen Verfahren das Gericht nach § 26 FamfG von Amts wegen die zur Feststellung der entscheidungserheblichen Tatsachen erforderlichen Ermittlungen durchzuführen hat. Im Gegensatz zu einem normalen zivilgerichtlichen Verfahren, in dem die Parteien durch Bestreiten von vom Gegner vorgebrachten Tatsachen den Umgang der Beweisaufnahme bestimmen, hat das Gericht im familiengerichtlichen Verfahren ohne Bindung an den Sachvortrag der Parteien die entscheidungserheblichen Tatsachen zu ermitteln. Hierzu gehört im Verfahren über den Versorgungsausgleich insbesondere auch die Frage, welche gegenseitigen Anrechte auf Versorgungsausgleich bestehen.

Da dem Gericht die von beiden Seiten vorgebrachten Informationen zu möglichen Anrechten vorlagen, hatte das Gericht in eigener Zuständigkeit hierzu Ermittlungen bei den potentiellen Versorgungsträgern anzustellen. Sollte der Angezeigte – wie von Ihnen vorgetragen – seine Behauptungen nicht durch Belege gestützt haben, stellt dies angesichts der Amtsaufklärungspflicht des Gerichts kein strafbares Verhalten dar.

Sollte das Gericht seine Aufklärungspflicht verletzt haben, was nach dem mitgeteilten Sachverhalt nicht beurteilt werden kann, kann dies nicht dem Angezeigten angelastet werden.

Im Hinblick auf Ihre Beschwerdeschrift merke ich abschließend an, dass das strafrechtliche Ermittlungsverfahren nicht dazu dient, zivilrechtliche Ansprüche des Anzeigenerstatters durchzusetzen.

Eine Erhebung einer „Klage auf Leistung und Feststellung des Anspruchs“, die Durchführung eines selbständigen Beweisverfahrens und die weiteren von Ihnen beantragten Maßnahmen sind sämtlich solche des Zivilrechts, deren Durchführung allein den zivilrechtlichen Parteien obliegt. Eine Zuständigkeit der Strafverfolgungsorgane, insbesondere der Staatsanwaltschaft, hierzu ist nicht gegeben.

Ich weise Ihre Beschwerde daher als unbegründet zurück.

Gegen den die Beschwerde ablehnenden Bescheid der Generalstaatsanwaltschaft kann der Antragsteller, wenn er zugleich der Verletzte ist, gerichtliche Entscheidung gemäß § 172 Abs. 2 StPO beantragen.

Der Antrag ist binnen einer Frist von einem Monat, gerechnet vom Tage des Zugangs, bei dem Oberlandesgericht einzureichen. Er muss die Tatsachen, welche die Erhebung der öffentlichen Klage begründen sollen, und die Beweismittel angeben.

Der Antrag muss von einem Rechtsanwalt unterzeichnet sein; für die Prozesskostenhilfe gelten dieselben Vorschriften wie in bürgerlichen Rechtsstreitigkeiten.

Der Antrag kann auch als elektronisches Dokument eingereicht werden. Eine einfache E-Mail genügt den Anforderungen nicht.

Das elektronische Dokument muss

- mit einer qualifizierten elektronischen Signatur der verantwortenden Person versehen sein oder
- von der verantwortenden Person signiert und auf einem sicheren Übermittlungsweg eingereicht werden.

Ein elektronisches Dokument, das mit einer qualifizierten elektronischen Signatur der verantwortenden Person versehen ist, darf wie folgt übermittelt werden:

- auf einem sicheren Übermittlungsweg oder
- über eine Anwendung, die auf OSCI oder einem diesen ersetzenden, dem jeweiligen Stand der Technik entsprechenden, Protokollstandard beruht, an das besondere elektronische Behördenpostfach des Oberlandesgerichts.

Wegen der sicheren Übermittlungswege wird auf § 32a Abs. 4 StPO verwiesen.

Hinsichtlich der weiteren Voraussetzungen zur elektronischen Kommunikation mit den Staatsanwaltschaften und Gerichten wird auf die Verordnung über die technischen Rahmenbedingungen des elektronischen Rechtsverkehrs und über das elektronische Behördenpostfach (ERVV) in der jeweils geltenden Fassung sowie auf die Internetseite www.justiz verwiesen.

Mit freundlichen Grüßen

gez.

Staatsanwältin

2. Schreiben an den Rechtsanwalt:[11]

Antrag auf gerichtliche Entscheidung

Sehr geehrter Herr Rechtsanwalt,

mit heutiger Post erhielt ich ein Schreiben der Generalstaatsanwaltschaft. Die „Auffassung der Staatsanwaltschaft, es sei Verfolgungsverjährung eingetreten“ erweise sich „rechtlich als nicht zutreffend.“ Dennoch wird meine Beschwerde als unbegründet zurückgewiesen.

Gegen den die Beschwerde ablehnenden Bescheid kann ich „binnen einer Frist von einem Monat gerichtliche Entscheidung beantragen. Allerdings muss der Antrag „von einem Rechtsanwalt unterzeichnet sein“. Bitte teilen Sie mir zeitnah mit, ob mit Ihrer weiteren Unterstützung zu rechnen ist.

Mit freundlichen Grüßen

Ihre Mandantin

[11] 26.03.2020

3. Schreiben des Rechtsanwalts:[12]

Re: Antrag auf gerichtliche Entscheidung

Antwort: Sehr geehrte Mandantin,

bitte senden Sie mir den Bescheid der Generalstaatsanwaltschaft und Ihre zuvor erfolgte Beschwerdeschrift zu, damit ich überprüfen kann, ob solch ein Antrag beim OLG eine Erfolgsaussicht hat.

[12] 26.03.2020

4. Schreiben an den Rechtsanwalt:[13]

Sehr geehrter Herr Rechtsanwalt,

anbei der Bescheid der Generalstaatsanwaltschaft. Die Beschwerdeschrift habe ich Ihnen am 07.03.2020 per Email zukommen lassen. Auf Ihre Einschätzung hinsichtlich der Erfolgsaussicht bin ich gespannt.

Mit freundlichen Grüßen

Ihre Mandantin

[13] 26.03.2020

5. Schreiben an den Rechtsanwalt:[14]

Sehr geehrter Herr Rechtsanwalt,

die Entscheidung der Staatsanwaltschaft lautete: *"Das Verfahren wird ... gemäß § 170 Abs. 2 der Strafprozessordnung eingestellt. Es ist am 23.07.2017 Verjährung eingetreten, so dass ein Verfahrenshindernis besteht."*

Für den Fall, dass Sie nicht mehr auf die Email vom 07.03.2020 zurückgreifen können, schicke ich Ihnen die erbetene Beschwerdeschrift in der Anlage noch einmal zu.

Mit freundlichen Grüßen

Ihre Mandantin

[14] 27.03.2020

6. Schreiben an den Rechtsanwalt:[15]

Guten Morgen Herr Rechtsanwalt,

wäre es Ihnen möglich, mir im Laufe des Tages Ihre Einschätzung bezüglich der Erfolgsaussichten zurückzumelden?

Ihnen einen schönen Tag!

Mit freundlichen Grüßen

Ihre Mandantin

[15] 27.03.2020

7. Schreiben an den Rechtsanwalt:[16]

Erfolgsaussicht Antrag OLG

Sehr geehrter Herr Rechtsanwalt,

den Bescheid der Generalstaatsanwaltschaft und meine zuvor erfolgte Beschwerdeschrift habe ich Ihnen - wie erbeten - zugesandt.

Konnten Sie bereits überprüfen, ob ein Antrag beim OLG eine Erfolgsaussicht hätte?

Mit freundlichen Grüßen

Ihre Mandantin

[16] 27.03.2020

8. Schreiben an den Rechtsanwalt:[17]

"Sollte das Gericht seine Aufklärungspflicht verletzt haben, was nach dem mitgeteilten Sachverhalt nicht beurteilt werden kann, kann dies nicht dem Angezeigten angelastet werden."

Sehr geehrter Herr Rechtsanwalt,

kann und sollte dem Gericht die Verletzung der Aufklärungspflicht angelastet werden?

Mit freundlichen Grüßen

Ihre Mandantin

[17] 27.03.2020

I want morebooks!

Buy your books fast and straightforward online - at one of world's fastest growing online book stores! Environmentally sound due to Print-on-Demand technologies.

Buy your books online at
www.morebooks.shop

Kaufen Sie Ihre Bücher schnell und unkompliziert online – auf einer der am schnellsten wachsenden Buchhandelsplattformen weltweit! Dank Print-On-Demand umwelt- und ressourcenschonend produzi ert.

Bücher schneller online kaufen
www.morebooks.shop

KS OmniScriptum Publishing
Brivibas gatve 197
LV-1039 Riga, Latvia
Telefax: +371 686 204 55

info@omniscriptum.com
www.omniscriptum.com

Printed by Books on Demand GmbH, Norderstedt / Germany